BEI GRIN MACHT SICH IHR WISSEN BEZAHLT

Das Theater in Oldenburg im 19. Jahrhundert

Einordnung in den historischen Kontext der deutschen Theatergeschichte

Eike Behrens

Bibliografische Information der Deutschen Nationalbibliothek:

Die Deutsche Nationalbibliothek verzeichnet diese Publikation in der Deutschen Nationalbibliografie; detaillierte bibliografische Daten sind im Internet über http://dnb.d-nb.de abrufbar.

ISBN: 9783346405777
Dieses Buch ist auch als E-Book erhältlich.

Druck und Bindung: Books on Demand GmbH, Norderstedt Germany
Gedruckt auf säurefreiem Papier aus verantwortungsvollen Quellen

Das vorliegende Werk wurde sorgfältig erarbeitet. Dennoch übernehmen Autoren und Verlag für die Richtigkeit von Angaben, Hinweisen, Links und Ratschlägen sowie eventuelle Druckfehler keine Haftung.

Das Buch bei GRIN: https://www.grin.com/document/1012279

Carl von Ossietzky Universität Oldenburg

Fakultät III, Institut für Germanistik

Seminar „Das Drama im Kontext seiner Aufführung", ger211

SoSe 2020

Das Theater in Oldenburg im 19. Jahrhundert –
Einordnung in den historischen Kontext der deutschen
Theatergeschichte

Schriftliche Referatsausarbeitung

von Eike Behrens

Name: Eike Behrens
Studienfach: Zwei-Fächer-Bachelor Germanistik/Musik, 3. Fachsemester

Inhaltsverzeichnis

1   Einleitung 2

2   Geschichte des Oldenburgischen Theaters im 19. Jahrhundert 2

   2.1   Der Weg zum ersten Oldenburger Schauspielhaus 2

   2.2   Das Theater unter der Leitung von Starklof und Gerber 4

   2.3   Das Großherzogliche Hoftheater und der große Theaterneubau.................. 5

3   Die deutsche Theaterkultur im 19. Jahrhundert 6

4   Die Konzeption des Oldenburgischen Theaters im 19. Jahrhundert.................. 8

5   Schlussbemerkung 12

6   Literaturverzeichnis.. 13

1 Einleitung

Das Staatstheater ist das älteste Theater in Oldenburg, dessen Geschichte bis ins 19. Jahrhundert zurückreicht. Die Gründung erfolgte teils unter widrigen Umständen, dennoch konnte sich das Haus schnell zu einer festen Institution der Stadt etablieren. In dieser schriftlichen Ausarbeitung soll zunächst die Geschichte des Theaters in Oldenburg im 19. Jahrhundert erzählt werden, um anschließend die deutsche Theatergeschichte dieser Zeitepoche im Allgemeinen zu betrachten. Schließlich soll von diesem Standpunkt aus die damalige Rolle des Oldenburgischen Theaters für die Stadt und die Menschen eingeordnet werden, wobei die Frage, inwieweit sich die historischen und sozialen Dynamiken des 19. Jahrhunderts auf die Oldenburger Theaterkultur niederschlugen, von zentraler Bedeutung sein soll.

2 Geschichte des Oldenburgischen Theaters im 19. Jahrhundert

2.1 Der Weg zum ersten Oldenburger Schauspielhaus

Das Deutschland des anbrechenden 19. Jahrhunderts war ein Deutschland der Kleinstaaterei, das sich aus unzähligen kleineren und größeren Königreichen, Fürstentümern und freien Städten zusammensetzte. Diese föderale Struktur führte zu einem ausgeprägten Bewusstsein für individuelle regionale Identität und so hatte der jeweilige Landesherr ein starkes Interesse an der Selbstdarstellung seines Reichs. Ein wichtiges Instrument zur Repräsentation des Fürsten sowie des kulturellen Geistes der Region war das lokale Theater. Ein Hof ohne Theater war schädlich für die kulturelle und politische Reputation und es herrschte ein heftiger Konkurrenzkampf um die prominentesten Künstler, Baumeister und Dramaturgen. Dieser Umstand im 18. und 19. Jahrhundert bedingte eine äußerst vielfältige und dichte Theaterlandschaft, die bis heute prägend ist.[1]

Oldenburg war ab 1774 formelle Hauptstadt des neu erhobenen Herzogtums Oldenburg und ab 1785 auch Residenzstadt. Zu dieser Zeit verfügte die Stadt noch über keine feste Opern- bzw. Schauspielbühne, diese sollte sich erst im Laufe des Jahrhunderts etablieren. Im Jahr 1881 veröffentlichte Reinhard von Dalwigk, damals Intendant des „Großherzoglichen Theaters", anlässlich der Eröffnung des Theaterneubaus eine Chronik über das Theater in Oldenburg. Hierin beschreibt er die Situation zu Beginn des 19. Jahrhunderts wie folgt:

„Was an theatralischen Genüssen den Einwohnern Oldenburgs [...] geboten wurde, musste sich namentlich in älteren Zeiten darauf beschränken, was wandernde Schauspiel-Gesellschaften bringen konnten, die mühsam ihren Thespiskarren durch die Haide, Sand und Moor schleppten, ihre gebrechliche Bühne in irgendeinem Saale oder Stalle aufschlugen, und dann nach Abspielung eines den kleinen Mitteln ent-

---

[1] vgl. Düffel 2003

sprechenden Repertoires mit Hinterlassung eines mehr oder minder guten Andenkens demnächst wieder verschwanden."[2] Weiter schreibt er: „Oldenburg war nicht mehr dänische Provinzialstadt, sondern Hauptstadt des neu begründeten Herzogtums [...]. Der Hof unterstützte Unternehmungen, welche die Eintönigkeit des Lebens in dem damals recht abgelegenen Oldenburg unterbrechen konnten und auch die Zahl der Theaterbesucher hatte durch die erhebliche Vermehrung der Staatsdiener sich wesentlich erhöht. – Aber auch der Sinn für Literatur und Poesie hatte in Oldenburg neues Leben bekommen."[3]

Zwischen 1811 und 1813 war Oldenburg durch das napoleonische Frankreich okkupiert. Zu dieser Zeit fanden erstmals Theateraufführung im Marstallgebäude statt, so auch beispielsweise am 15. August 1812 am Geburtstag des Kaisers Napoleon zu dessen Ehren. Nach Ende der französischen Besetzung und der Rückkehr des Herzogs aus dem russischem Exil war die Truppe des Bremer Theaters in unregelmäßigen Abständen zu Gast in der Stadt und bot sogar Opernaufführungen. Großherzog Paul Friedrich August konnte sich zunächst nicht zur Gründung eines Oldenburger Theaters entschließen, bis im Sommer 1832 der damalige Direktor des Bremer Stadttheaters Johann Christian Gerber vorschlug, regelmäßig mit seinem Opern- und Schauspielensemble in Oldenburg vor einem Abonnementpublikum zu spielen. Hinter Gerbers Vorschlag standen wirtschaftliche Motive, in Oldenburg fand er allerdings Anklang.[4]

Hofrat Carl Christian Ludwig Starklof führte als Kabinettssekretär im Auftrag des Hofes die Verhandlungen. Hans Heering beschreibt Starklofs Ergebnisse im *Oldenburger Jahrbuch*: „Es war gelungen, das finanzielle Interesse Gerbers, den Willen des Großherzogs zur Repräsentation und den Wunsch des Hofes und der Bevölkerung nach Unterhaltung zu verbinden, um eine stehende Bühne in Oldenburg zu errichten [...]."[5] Das Resultat war im Grunde eine Filiale des Bremer Stadttheaters in Oldenburg mit einem gemeinsamen Ensemble unter Gerbers Leitung, was von Anfang an als Zwischenlösung betrachtet werden konnte, nicht zuletzt, da Starklof langfristig an der Herausbildung eines unabhängigen Oldenburger Theaters interessiert war. Provisorisch war auch der Bau: Der Großherzog stellte einen Bauplatz auf der alten Stadtbefestigung zur Verfügung und der Zimmermeister Muck wurde beauftragt, einen Holzbau „als eine anständige Bretterbude, auf die Dauer von 2 Jahren berechnet"[6] mit finanzieller Hilfe des Hofes zu errichten, der bei Fertigstellung 460 Sitzplätze bot. So konnte am 21. Februar 1833 das ausverkaufte „Theater in Oldenburg" mit der Oper *Der Schnee* von Auber eröffnet werden, Gerber sprach den Prolog.[7]

---

[2] Dalwigk 1881, S. 1
[3] Dalwigk 1881, S. 3
[4] vgl. Heering 1970, S. 80
[5] ebd.
[6] Dalwigk 1881, S. 12
[7] vgl. Dalwigk 1881, S. 15 f.

2.2 Das Theater unter der Leitung von Starklof und Gerber

Die anfängliche Begeisterung der Oldenburger über das neue Theater wurde bald eingetrübt, als die Organisation eines Ensembles an zwei sich abwechselnden Spielstätten sich als problematisch erwies: Durch die ständigen Reisen zwischen Oldenburg und Bremen wurden die Sänger stimmlich und gesundheitlich stark beansprucht.[8] Dalwigk schreibt: „Es war wohl ein Theater in Oldenburg vorhanden, aber der ganze Apparat an Decorationen und Requisiten war höchst spärlich. Garderobe und Bibliothek fehlten gänzlich, und so war die Straße zwischen Oldenburg und Bremen beständig mit hin- und herfahrenden hochbeladenen Lastwagen bedeckt, welche Bühnenrequisiten Decorationen und Garderobestücke zu abwechselndem Gebrauch herbeischleppten, gewiß zum größten Nachtheil des Materials."[9] Auch finanziell war dieser Zustand nicht tragbar. Hinsichtlich des Repertoires wurde den Oldenburgern dennoch einiges geboten. Es gab Opern wie *Der Barbier von Sevilla, Der Waffenträger, Die diebische Elster, Maurer und Schlosser* und Dramen wie *Egmont, Wallensteins Lager* oder *Der Prinz von Homburg*. Hingegen häuften sich Beschwerden des Bremer Publikums, da in der Regel zwei Opernvorstellungen an zwei aufeinanderfolgenden Abenden in Oldenburg zu sehen waren, an diesen Tagen in Bremen aber nur kleine Lustspiele und oft gesehene Ritterstücke in Minimalbesetzung gegeben wurden.[10]

Starklof war als vielseitig gebildeter und künstlerisch beflissener Mann auch persönlich am Fortbestehen des Theaters interessiert und widmete sich als Intendant gewissenhaft dessen Schicksal.[11] Gerber wurde Direktor und Regisseur und ab der Spielzeit 1834/35 vertraglich dazu angehalten, sich hauptsächlich in Oldenburg aufzuhalten. Zur selben Zeit verlor er wegen Misswirtschaft die Leitung des Bremer Theaters, was zweierlei nach sich zog: Einerseits war die Bremisch-Oldenburgische Kooperation damit hinfällig, was gleichzeitig bedeutete, dass sich Gerber nun vollständig der Arbeit mit einer neuen Truppe in Oldenburg widmen konnte und die Stadt damit ein eigenes, unabhängiges Theater bekam, andererseits konnten nun keine Opern mehr gegeben werden[12]. Man wollte „aber durch neue und unterhaltende Vorstellungen von besonderer Art (!) dem Publikum einen brisanten Genuß zu verschaffen suchen"[13]. Oder wie Heering schreibt: „Die Oper sollte durch Singspiele, Possen und Lustspiele ersetzt werden. Das bedeutete: auf der Oldenburger Bühne hatte das Unterhaltungsstück eine bevorzugte Stellung."[14] 1842 erlitt Gerber einen Schlaganfall und konnte in der Folge weder auftreten, noch sich angemessen den Theatergeschäften widmen. Starklof, der auf einen verlässlichen zweiten Mann in der Führung angewiesen

---

[8] vgl. Hoppe/ Klause/ Waczkat 2016, S. 1248
[9] Dalwigk 1881, S. 18
[10] vgl. ebd.
[11] vgl. Heering 1970, S. 88
[12] vgl. Hoppe/ Klause/ Waczkat 2016, S. 1248
[13] Dalwigk 1881, S. 26
[14] Heering 1970, S. 84

war und schon in den Jahren zuvor oft unzufrieden mit der Zusammenarbeit mit Gerber gewesen war, legte nun auch seinerseits sein Amt als Intendant nieder.[15]

2.3 Das Großherzogliche Hoftheater und der große Theaterneubau

Das Oldenburger Theater war inzwischen zu einer wichtigen Institution in der Stadt geworden und auch der Hof war sich seines Wertes bewusst. Mit Starklofs Ausscheiden war die Zukunft des jungen Theaters aber ungewiss, und so stellte es Großherzog Paul Friedrich August unter Hofverwaltung und bestellte seinen Kammerjunker Ferdinand von Gall zum neuen Intendanten. Am 2. Oktober 1842 wurde die neue Spielzeit mit dem romantischen Drama *Der Sohn der Wildnis* von Friedrich Halm eröffnet.[16] Von Gall widmete sich seiner neuen Aufgabe mit großem Engagement und setzte sich unter anderem bei Hof für die Anstellung eines Dramaturgen ein und reiste durch das ganze Land, um neue Akteure zu engagieren. Als der Großherzog aber 1853 verstarb und sein Sohn Nikolaus Friedrich Peter die Nachfolge antrat, änderten sich die Verhältnisse im Großherzogtum. Der neue Großherzog verfolgte einen realpolitischen Kurs, die hohen Ausgaben des Hofes für das Theater veranlassten ihn dazu, das Theater als Hoftheater aufzulösen.[17] Stattdessen wurde es mit deutlich geringeren Subventionen und einem dadurch sehr verkleinerten Personalstab als „Großherzogliches Theater" weiterbetrieben, konnte sich in den Folgejahren aber wirtschaftlich konsolidieren und ab der Spielzeit 1855/56 wurden sogar erstmals wieder kleine Opern wie *Maurer und Schlosser*, *Der Freischütz* und *Prinz Eugen* gegeben.[18]

Ein Zwischenfall am 4. April 1869 befeuerte nach nunmehr fast vier Jahrzehnten in Mucks Holzbau eine Debatte über die dringende Notwendigkeit eines Theaterneubaus: Ein falscher Feueralarm sorgte noch vor Vorstellungsbeginn dafür, dass sämtliche Theaterbesucher panisch aus dem Gebäude stürzten. Schuld gewesen seien – wie von Dalwigk in seiner Theaterchronik schreibt – „zwei weinlaunige Militärs, welche, in der Absicht einen Kameraden herausrufen zu lassen, das Vestibül betraten und hier, als der betreffende nicht rasch genug erschien, ihrer Ungeduld durch Pochen in der angegeben Weise Luft gemacht hatten."[19] Zwar kam niemand zu Schaden, dennoch hielt das Ereignis den Oldenburgern die reale Gefahr eines Feuers im hölzernen Theater vor Augen. In den folgenden Jahren ging die Debatte um einen Neubau von der Frage des Ob hin zur Frage des Wie: „Die Verwaltung der Stadt Oldenburg hatte richtig erkannt, daß ein gutes Theater zu den Erfordernissen unseres städtischen Lebens gehöre, und daß der Zuzug von Fremden und Rentiers aus dem Lande hierher wesentlich durch ein solches gesichert und erhöht werde; hier war also die Stimmung von Vornherein eine günstige."[20] Offen war die Frage der Finanzierung, welche schließlich durch großzügige Zuschüsse der Stadt Oldenburg ermöglicht wurde,

---

[15] vgl. Heering 1970, S. 89
[16] vgl. Dalwigk 1881, S. 59 f.
[17] vgl. Dalwigk 1881, S. 124
[18] vgl. Dalwigk 1881, S. 130 – 137
[19] Dalwigk 1881, S. 171
[20] Dalwigk 1881, S. 203

sodass ab 1879 direkt neben dem alten Theater der Bau für ein neues, repräsentatives Gebäude beginnen konnten. Die festliche Eröffnung fand am 8. Oktober 1881 mit Goethes *Iphigenie* statt.[21]

Nur wenige Jahre später wurde die Feuerangst schließlich doch real: Im Theaterregister von 1892 steht folgender Vermerk: „In der Nacht vom 24. zum 25. November 1891 um 11 ½ Uhr, nach der Aufführung ‚Zriny', brannte das Großherzogliche Theater ganz nieder. – Am 14. Februar 1892 wurde das in der Zwischenzeit vom Architekten Spieske auf dem Cäcilienplatz neu erbaute Interimstheater mit ‚Minna von Barnhelm' eröffnet."[22] Den Aufzeichnungen ist auch zu entnehmen, dass in den folgenden Monaten ein Teil der Schauspieler in andere Städte ausgeliehen wurden, darunter Brake, Jever und Wilhelmshaven. Am 8. Oktober 1893 wurde schließlich das wiedererrichtete Theater, erweitert durch einige Anbauten und unter anderem durch die große Kuppel, festlich mit *Der Kaufmann von Venedig* wiedereröffnet. In dieser Gestalt steht es bis heute am Theaterwall.

3   Die deutsche Theaterkultur im 19. Jahrhundert

Die deutsche Theaterlandschaft war seit etwa 1600 und noch bis ins 19. Jahrhundert hinein hauptsächlich durch fahrende Schauspielertruppen geprägt. Sie reisten mit ihren Wanderbühnen durch das ganze Land und gastierten auf Messen und Märkten, in Wirtshäusern und in Scheunen.[23] „Was dort geboten wurde, hatte vielfach den Charakter von Hanswurstiaden und Stegreifspielen."[24] Possen, Travestien oder Parodien höfischer Tragödien wurden mit der Prämisse der Unterhaltung gegeben, weswegen das Programm durch spektakuläre Effekte wie Feuer oder Akrobatikeinlagen abgerundet wurde. Ernsthafter Stoff auf literarischer Grundlage war die Ausnahme und wurde oft bis zur Unkenntlichkeit bearbeitet.[25]

Das aristokratische Gegenstück zu dieser ans gemeine Volk gerichteten Schauspielkultur stellten die seit dem 18. Jahrhundert etablierten Hoftheater dar, an denen man eine europäische Theaterkultur zu pflegen suchte.[26] Ganz Europa schaute in Bezug auf Sitte, Geschmack und Denkungsart nach Paris, das höfische Theater war abgesehen von der italienischen Oper französisch geprägt. Der Adel konnte das eigene Geltungsbedürfnis befriedigen, indem repräsentative Kunstformen – allen voran Ballett und Oper – aufwendig inszeniert wurden.[27] Der Theaterwissenschaftler Andreas Kotte veranschaulicht diesen Punkt: „Vor allem die Oper treibt im 19. Jahrhundert die Theaterarchitekten vor sich her mit ihren Forderungen nach Repräsentanz durch Bau und Ausstattung sowie Illusion durch Technik und Bühnenbild. […] So verpflichtet der preußische König 1820 den italienischen Komponisten und Dirigenten Gasparo

---

[21] vgl. Dalwigk 1881, S. 204 ff.
[22] handschr. Theaterregister 1892
[23] vgl. Schößler 2017, S. 213
[24] Düffel 2013
[25] vgl. Schößler 2017, S. 213 f.
[26] vgl. Schößler 2017, S. 213
[27] vgl. Schmitz 2019

Spontini als Generalmusikdirektor an sein Opernhaus und zahlt exorbitante 20.000 Taler für die Ausstattung der Oper Olympia von Spontini, in deren Triumphzug auch lebende Elefanten defilieren."[28]

Zur Jahrhundertwende zum 19. Jahrhundert und unter dem Eindruck der französischen Revolution regte sich in intellektuellen Kreisen Widerstand gegen die aristokratische Dekadenz und der Geist der Aufklärung machte sich breit. Das erstarkte Selbstbewusstsein des Bürgertums fand Ausdruck in den Werken ehrgeiziger junger Literaten wie Goethe, Schiller und Lessing, letzterer plädierte in seinem Bühnenstück *Nathan der Weise* für religiöse und kulturelle Toleranz, Schiller übte in *Kabale und Liebe* offene Kritik an der Moral und Sitte des Adels und Goethe beschrieb in *Faust* das bürgerliche Selbstverständnis zwischen Erkenntnisrang und Verführbarkeit. Das bürgerliche Drama etablierte sich nicht zuletzt durch neue theatralische Maßstäbe, die am Weimarer Hoftheater unter Goethes Leitung gesetzt wurden. Die Wirkung des Theaters beschränkte sich nie bloß auf den jeweiligen Zuschauerkreis, sondern es verdichtete stets den Geist der Zeit, war Projektionsfläche für Gesellschaft und insbesondere Ende des 18. und zu Beginn des 19. Jahrhunderts Spiegel und Sprachrohr der Bürger einer Stadt.[29]

Die napoleonischen Kriege und die anschließende Restauration der Monarchien in den deutschsprachigen Staaten führte zu einer allgemeinen Politikverdrossenheit, welche die kritikfreudige neue deutsche Theaterbewegung zunächst zum Erlahmen brachte. Mit der Biedermeierzeit und der Romantik als neuer künstlerischer Strömung veränderten sich auch die Einflüsse des Theaters: Das Publikum wollte in phantasievolle Traumwelten abtauchen und so boten die Werke Kleists, Novalis' und Eichendorffs eine verklärte Verbindung von Mensch und Natur in einer idealisierten Welt als Gegenpol zu den wirklichkeitsnahen Stücken der Aufklärung und des Sturm und Drang. Dieses eher unkritische Theater mit Lustspielen wie *Der gestiefelte Kater* und Dramen wie *Der Prinz von Homburg* fand indes auch Freunde und Förderer in Fürstenhäusern. Diese sahen nach dem Wiener Kongress ihre Chance auf ein Wiedererstarken ihrer Macht, die liberal-demokratischen Gedanken der Aufklärung und die Idee eines deutschen Nationalstaats flammten jedoch ebenfalls wieder auf, welche im Hambacher Fest 1832 und der gescheiterten Märzrevolution 1848 ihren Höhepunkt fanden, auf dem die Absetzung der Fürstenhäuser und die Einführung der Republik gefordert wurden.[30]

Mit der Gewerbefreiheit 1869 gab es ab den 1870er Jahren einen rechten Theaterboom in Deutschland, über 150 kleinere Hof- und Stadttheater wurden eröffnet und in den großen Städten kamen neue Theaterformen wie Tingeltangel, Varieté, Revue und natürlich der Zirkus hinzu.[31] Die privaten Neugründungen, die vorrangig der Wirtschaftlichkeit und dem Unterhaltungsbedürfnis unterlagen, machten den

---

[28] Kotte 2013, S. 362
[29] vgl. Düffel 2013
[30] vgl. Schmitz 2019
[31] vgl. Kotte 2013, S. 348

Hoftheatern zusehends Konkurrenz. Hinzu kam, dass sich die Zeichen der Zeit auch innerhalb der Theaterszene in einer allmählichen Neuorientierung an sozialkritischen Bühnenstoffen niederschlugen. Die Romantik wurde vom Realismus abgelöst, geprägt durch ein neu justiertes Verhältnis zwischen Adel und Bürgertum.[32] Die Obrigkeit reagierte mit strenger Zensur, wie Erika Lichte-Fischer in *Kurze Geschichte des Deutschen Theaters* beschreibt: „Eine Auseinandersetzung mit den aktuellen und brennenden Problemen der Zeit war auf dem Theater zu Beginn der sechziger Jahre […] nahezu unmöglich. Wo immer ein Dramatiker sich auf solche Probleme einließ, wurde sein Stück – wenn es überhaupt zur Aufführung angenommen wurde – von der Zensur bis zur Unkenntlichkeit verstümmelt. Für die Diskussion der Frauenfrage, des Sozialdarwinismus, der Vererbungslehre, des Atheismus, des Sozialismus etc. etc. blieb das Theater als ein öffentliches Forum verschlossen. Ein Ausweg aus diesem Dilemma öffnete sich mit der Gründung von Theatervereinen, die durch den Verkauf von Mitgliedschaften oder Abonnements »geschlossene« – und damit private – Aufführungen nur für Vereinsmitglieder anbieten und so die Zensur umgehen konnten.“[33]

Das Repertoire bestand aus Dramen zeitgenössischer Dichter wie Ibsen, Björnson, Gorkij, Hauptmann etc., als herausragendes Werk ist *Die Weber* zu erwähnen, verfasst vom zuletzt genannten, welches 1894 uraufgeführt die schlesischen Weberaufstände von 1844 schildert und darin Ausbeutung und Unterdrückung der Arbeiter anprangert. Die Stücke erlaubten einem proletarischen Publikum, die Figuren und Geschehnisse auf der Bühne an seine eigene Lebenswirklichkeit anzuschließen und riefen daher große Resonanz hervor, Zeitungen berichteten über die Inszenierungen und setzen damit die durch das Theater entfachte Diskussion innerhalb der Öffentlichkeit fort. Die zeitgenössische Dramatik hatte somit die Bühne als öffentliches Forum zurückerobert.[34]

4   Die Konzeption des Oldenburgischen Theaters im 19. Jahrhundert

Oldenburg war geographisch recht isoliert, „Die Verkehrslage Oldenburgs war nicht sehr günstig, es war keine ‚Durchreise-Station'.“[35] Bei einer Einwohnerzahl von knapp 7.000 in der ersten Jahrhunderthälfte war die Stadt dazu relativ beschaulich und bezüglich des kulturellen Lebens in keiner Weiser mit den größeren Städten Deutschlands vergleichbar. Durch die Initiative Starklofs gab es ab 1833 ein Theater. Zwar war er als hoher Staatsbeamter des Großherzogs einem konservativen Denken verpflichtet, im Privaten aber durchaus den fortschrittlichen liberalen Ideen seiner Zeit gegenüber aufgeschlossen.[36] Sein Anspruch war es, das Theater als Mittelpunkt des öffentlichen Lebens der Stadt zu konzipieren, wobei er unter „öffentlich" auch gesellschaftspolitische Absichten verstand und dabei die politischen

---

[32] vgl. Schmitz 2019
[33] Lichte-Fischer 1999, S. 236
[34] vgl. Lichte-Fischer 1999, S. 237
[35] Heering 1970, S. 127
[36] vgl. Heering 1970, S. 84

Ereignisse der Julirevolution in Frankreich und das Hambacher Fest, unter deren Zeitzeichen die Theatereröffnung erfolgte, im Blick hatte.[37] Diese Idee stand insbesondere in den ersten Jahren nach Eröffnung entgegen, dass die oberste Prämisse die Sicherung des Fortbestehens des Hauses sein musste, und das Fortbestehen war unmittelbar von der öffentlichen Akzeptanz der Oldenburger abhängig und weniger von den finanziellen Mitteln, die ohnehin aus der Hofkasse kamen. „Ein schlechter Theaterbesuch konnte die Notwendigkeit des Theaters in Frage stellen und seinem Ansehen schaden."[38]

Gespielt wurde an drei Abenden in der Woche in acht bis neun Monaten, im Sommer war Spielpause. Da an jedem Abend eigentlich dasselbe Publikum im Theater saß, anders als in größeren Städten, war es notwendig, so viel Abwechslung und so viele neue Stücke wie möglich zu bieten, um die Zuschauer bei Laune zu halten.[39] Allzu viele Wiederholungen sorgten oft für einen leeren Zuschauerraum[40]. Zu realisieren war die Fülle an Neuaufführungen seitens des Ensembles nur durch leicht spielbare Unterhaltungsstücke. „Von den in der Zeit vom 28.9. – 30.12.1834 gespielten 52 Stücken waren 39 Lustspiele, Possen oder Singspiele. Starklofs Absicht, ‚daß nicht leichte, lose Sachen, sondern das beste unserer Literatur über diese Bretter gehen sollte', war als Prinzip der Spielplangestaltung untauglich."[41] Zugleich waren jene Unterhaltungsstücke mit wenig Bildungsanspruch beim Publikum äußerst beliebt, um das reine Unterhaltungsbedürfnis zu befriedigen. Wenn die großen klassischen Werke von Schiller, Goethe, Lessing und Shakespeare gespielt wurden, die als Weltliteratur auch für die Oldenburger Bühne unverzichtbar waren, so wurden sie bearbeitet und vereinfacht, um sie an den Publikumsgeschmack anzupassen.[42] So zitiert Reinhard von Dalwigk in seiner Theaterchronik aus einem Bericht über die Aufführung von *Heinrich IV.* 1836: „‚ein jeder Akt machte das Haus leerer'"[43] und ergänzt: „so müssen wir annehmen, daß damals Shakespeare wirklich ‚Caviar fürs Volk' gewesen."[44] Künstlerische Experimente wurden in diesem Gefüge nicht akzeptiert und so ging auch Starklofs Idee eines Theaters als öffentliches Forum einer vom Weltgeschehen abgeschnittenen Stadt nicht auf. „In dieser ‚vergessenen Welt', in der die Bevölkerung vom öffentlichen Leben ausgeschlossen war, hätte das Theater eine öffentliche Willensbildung bewirken können, wenn die Zuschauer bereit und fähig gewesen wären, die Bühne als einen Ort der Auseinandersetzung mit den Fragen ihrer Zeit anzuerkennen. Aber Oldenburg hatte ein echtes Biedermeier-Publikum, das die Bühne als Mittel des ‚Vergnügens und Lebensgenusses' betrachtete, […]."[45]

Darüber hinaus war man bei der Wahl des Repertoires auch in der Hinsicht eingeschränkt, dass man stets in der Gunst des Großherzogs stand. Auch um Schwierigkeiten mit dem Hof zu vermeiden, lag die

---

[37] vgl. Heering 1970, S. 85 f.
[38] Heering 1970, S. 133
[39] vgl. Heering 1970, S. 87
[40] vgl. Heering 1970, S. 92
[41] Heering 1970, S. 90
[42] vgl. Heering 1970, S. 125
[43] Dalwigk 1881, S. 34
[44] ebd.
[45] Heering 1970, S. 132

Wahl harmloser Unterhaltungsstücken nahe. Der höfische Einfluss reichte so weit, dass der Großherzog als wichtigster Geldgeber direkten Einfluss auf die Stückauswahl nehmen konnte und dadurch auf einigen Theaterzetteln Vermerke wie „Auf Höchstes Verlangen" zu lesen waren. Andererseits konnte der Großherzog auch indirekt durch Zensur Einfluss nehmen.[46] Politische Anspielungen auf liberale und republikanische Ideen wurden aus den Textpassagen gestrichen, so z.B. in Schillers *Die Räuber*.[47]

Hinzu kam das insgesamt sehr konservativ geprägte Theaterpublikum: Oldenburg war Garnisonsstadt und der Kreis der Zuschauer bestand zu einem Großteil aus Militärangehörigen, zu einem anderen großen Teil aus Beamten und auch die gewerbetreibenden Bürger lebten in Abhängigkeit vom Hof. Folglich bestand die gesellschaftspolitische Erwartung an das Theater viel eher in der Erhaltung der bestehenden Ordnung als in der Erzeugung eines aufklärerischen Reformdenkens. In den Augen des Großherzogs waren die Menschen im Theater sogar besser aufgehoben als im Wirtshaus, da sie im ersteren nach seiner Ansicht besser vom politischen Denken abgehalten würden.[48] Bestimmte Themen waren vor diesem Publikum also erstrecht höchst problematisch: „Im moralischen Bereich konnte man […] schon einmal den Schritt an die Grenze des Erlaubten wagen; aber im Militärischen ging das natürlich nicht: Pazifismus war nicht tragbar, und Verhöhnung des Untertanengehorsams natürlich auch nicht!"[49]

Starklofs Vorstellung von einem Theater, das die Oldenburger als eine zusammenhängende Öffentlichkeit zum selbständigen Denken ermutigt, scheiterte also an der Abhängigkeit vom Hof wie auch am Publikum selbst. Große politische Ereignisse von historischer Tragweite wie die französische Julirevolution 1830 oder das Hambacher Fest 1832 hatten kaum Einfluss auf die Gesellschaft in Oldenburg. Hans Heering schreibt im *Oldenburger Jahrbuch*: „‚Die Oldenburger Bevölkerung – das Publikum – nahm kaum Anteil an dem fernen Geschehen, und fast vorwurfsvoll bemerkte Starklof: ‚Bei uns blieb alles ruhig'".[50] Zumindest die Ereignisse um die Märzrevolution 1848 bewegten die Oldenburger, „Und selbst bis in die sonst nur den Musen geweihten Räume des Theaters drang eines Tages der politische Lärm und machte sich in einer, freilich sehr harmlosen Weise, breit"[51], in der Form nämlich, dass der Großherzog am 10. März nach seinem Versprechen, einen Verfassungsentwurf vorzulegen, im Theater lautbegeistert hochleben gelassen wurde.[52] Aber ein weiteres Zitat aus Dalwigks Theaterchronik legt den Schluss nahe, dass der allgemeine Anspruch an das Oldenburger Theater damals nicht in der politischen Auseinandersetzung lag, sondern es im Gegenteil vor allem Ablenkung bieten sollte: „Die Gedanken der Zuschauer

---

[46] vgl. Heering 1970, S. 90 f.
[47] vgl. Heering 1970, S. 127
[48] vgl. Heering 1970, S. 131
[49] Haase 1983, S. 186
[50] Heering 1970, S. 86
[51] Dalwigk 1881, S. 96
[52] vgl. ebd.

mochten oft abgezogen gewesen sein durch die ernsten Ereignisse, welche die Zukunft Deutschlands bedrohten; die Schauspieler fühlten das geistige Band mit dem Publikum gelockert."[53]

Das Ergebnis dieser genannten Faktoren – die eher abgeschiedene Lage der Stadt, das konservative Publikum und die Abhängigkeit vom Großherzog – war ein politisches und soziales Mittelmaß auf der Oldenburger Bühne. Es galt stets, zwischen Unterhaltung und Bildung zu taktieren und dabei möglichst abwechslungsreich und aktuell zu bleiben. Dem Bildungsanspruch konnte man am ehesten mit teils bearbeiteten Klassikern von Schiller, Goethe, Lessing und Shakespeare genügen, vorsichtig ergänzt durch etwas „Junges Deutschland", vor allem mit Heinrich Laube und Karl Gutzlow.[54] *Richard Savage oder der Sohn einer Mutter, Werner oder Herz und Welt* sowie *Patkul* von Gutzlow wurden 1840/ 1841 jeweils kurz nach ihrem Erscheinen ins Repertoire aufgenommen, obwohl Gutzlows Schriften zu dieser Zeit noch verboten waren. Umso bemerkenswerter ist Heerings Anmerkung im *Oldenburger Jahrbuch*: „[...] die Bereitschaft der Oldenburger Bühne, sich eng mit dem Namen Gutzkow zu verbinden, kam einer öffentlichen Bekundung jungdeutscher Gedanken gleich. Wie die Oldenburger Theaterleitung das historische Trauerspiel ,Patkul' auffaßte und wohl auch aufgefaßt wissen wollte, geht aus der Änderung der Titelseite des in Oldenburg benutzten Textbuches hervor: das Wort ,historisches' ist durchgestrichen und handschriftlich durch das Wort ,politisches' ersetzt."[55] Darüber hinaus eigneten sich skandinavische Autoren wie Henrik Ibsen, die im deutschen Bewusstsein ohnehin beinahe als deutsch angesehen wurden, dennoch die nötige Distanz boten, um Themen auf die Bühne zu bringe, die bei vielen Kleinstädtern damals noch tabu waren.[56]

Größere Schwierigkeiten gab es eher mit den deutschen Autoren: Die großen nachklassischen Dramatiker Christian Grabbe und Georg Büchner wurden in Oldenburg nicht gezeigt, von den Realisten waren es zumindest Gustav Freytag und Otto Ludwig. Noch Schwiriger wurde es bei den Naturalisten: Gerhart Hauptmanns epochales Werk *Vor Sonnenaufgang* von 1889 mit authentischen Darstellungen von Sexualität und Alkoholismus wurde in Oldenburg nicht gezeigt, ebenso wenig das den Klassenkonflikt thematisierende Stück *Die Weber* von 1892. Auch auf viele andere große Namen wurde gänzlich verzichtet, darunter der Sexual- und Sozialreformer Richard Dehmel und der Satiriker Oskar Panizza.[57] Darüber hinaus waren Industrialisierung, Arbeiterbewegung und Frauenemanzipation in der zweiten Jahrhunderthälfte durchaus auf der Oldenburger Bühne thematisiert worden, „Dort schien es doch nicht recht ernst damit zu sein; man verharrte lieber im Spielerischen und verhielt sich, auch in der Frauenfrage, wenigstens äußerlich distanziert"[58], wie Carl Haase 1983 im *Oldenburger Jahrbuch* feststellt.

---

[53] Dalwigk 1881, S. 102
[54] vgl. Haase 1983, S. 186
[55] Heering 1970, S. 96 f.
[56] vgl. Haase 1983, S. 183
[57] vgl. Haase 1983, S. 184 f.
[58] Haase 1983, S. 175

5 Schlussbemerkung

Nach einem schwierigen Start war es insbesondere Kabinettssekretär Ludwig Startklofs persönlicher Initiative zu verdanken, dass sich das 1833 eröffnete Theater in Oldenburg in den folgenden Jahren bei den Oldenburgern etablieren konnte. Doch beschränkte sich seine Rolle bis ins 20. Jahrhundert hinein mit einigen Ausnahmen auf die einer repräsentativen Unterhaltungsanstalt für Hof und Stadtbewohner. Mit den drängenden politischen und sozialen Fragen der Zeit wurde sich kaum bis gar nicht kritisch auf der Bühne auseinandergesetzt, auch wenn es ursprünglich anders von Starklof gedacht war. Seine Idee des Theaters als öffentliches Forum für eigenständiges und kritisches Denken scheiterte vor allem an der Abhängigkeit vom Großherzog, aber auch am konservativen Publikum der Stadt, welches vor allem unterhalten und abgelenkt werden wollte und für revolutionäre Ideen insgesamt wenig aufgeschlossen war. Damit blieb das Oldenburger Theater im 19. Jahrhundert ein Provinztheater ohne einen ernsthaften Bildungsanspruch, wenngleich in dieser Form mit großem Zuspruch der Menschen in Oldenburg.

6   Literaturverzeichnis

- Dalwigk, Reinhard von: Chronik des alten Theaters in Oldenburg (1833 bis 1881). Festschrift zu der Eröffnung des neuerbauten Theaters am 8. Oktober 1881. Oldenburg: Schulzesche Hof-Buchhandlung und Hof-Buchdruckerei (C. Berndt & A. Schwarz), 1881.

- Düffel, John von: Kleine Theatergeschichte. Ein Schnelldurchlauf. In: Theater muss sein. Fragen. Antworten. Anstöße. Hrsg. vom Deutschen Bühnenverein, Köln 2003.

- Fischer-Lichte, Erika: Kurze Geschichte des deutschen Theaters. 2., unveränd. Aufl. Tübingen/Basel: Francke, 1999.

- Großherzogliches Hoftheater: Handschriftliches Theaterregister, Oldenburg 1892.

- Haase, Carl: Anmerkungen zum Oldenburger Theater von 1870 bis 1918. In: Oldenburger Jahrbuch. Bd. 83 von 1983. Hrsg. vom Oldenburger Landesverein für Geschichte, Natur- und Heimatkunde e.V. Oldenburg: Arthur Kuhlmann, 1983. S. 167 – 186.

- Heering, Hans: Das Oldenburger Theater unter Starklof. In: Oldenburger Jahrbuch. Bd. 68 von 1969. Hrsg. vom Oldenburger Landesverein für Geschichte, Natur- und Heimatkunde e.V. Oldenburg: Arthur Kuhlmann, 1970. S. 77 – 146.

- Hoppe, Christine/Klause, Inna/Waczkat, Andreas: Musik. In: Geschichte Niedersachsens. Bd. 4: Vom Beginn des 19. Jahrhunderts bis zum Ende des Ersten Weltkriegs. Hrsg. von Stefan Brüdermann. Göttingen: Wallenstein Verlag, 2016. S. 1248 – 1249.

- Kotte, Andreas: Theatergeschichte. Eine Einführung. Köln/Weimar/Wien: Böhlau Verlag 2013.

- Schößler, Franziska: Einführung in die Dramenanalyse. Stuttgart: J.B. Metzler, 2017.

Internetquellen

- Schmitz, Alfried: Deutsches Theater im 18. und 19. Jahrhundert. Hrsg. von Planet-Wissen.de. https://www.planet-wissen.de/kultur/theater/deutsches_theater_achzehntes_und_neunzehntesjahrhundert/index.html (Aktualisiert: 20.12.2019).